Fe Strack
Xiaying Lin
Martina Schlegl

Wackelkontakt

Epilepsie bei Kindern leicht erklärt

Psychologische Kinderbücher

hogrefe

Inhaltsverzeichnis

6
7

„Du kriegst mich nicht!“, ruft Jojo und grinst.
„Ha, von wegen! Gleich hab ich dich“, antwortet Charly. Sie rennt hinter Jojo her und strengt sich noch ein bisschen mehr an. Diesmal wird sie das Wettrennen gegen ihn gewinnen!

Die Klasse 3c hat gerade Sport, und alle sind gemeinsam auf den Sportplatz gegangen. Jojo und Charly sind die besten Freunde. Sie haben vorher heimlich besprochen, dass sie heute ein Wettrennen laufen werden. Jojo ist fast immer der Schnellste von allen. Kein Wunder, er ist ständig draußen und rennt oder spielt Fußball. Da macht Charly auch gerne mit. Aber noch lieber denkt sie sich Geschichten aus. Die spielen sie und Jojo dann nach, fast wie Schauspieler in einem Film.

Meistens kommen in Charlys Geschichten viele Leute vor. Dann fragen sie und Jojo die anderen aus der Klasse, ob sie mitspielen wollen. Aber Charly kennt niemanden, der so gut schauspielern kann wie Jojo. Charly hat Jojo fast eingeholt, als er plötzlich viel langsamer läuft. Er bleibt fast stehen!

„Will der mich gewinnen lassen?", fragt sich Charly. Da sieht sie, dass Jojos Knie wegklappen und er am Rand des Sportplatzes in sich zusammensackt. Dabei versucht er gar nicht, sich abzufangen, sondern fällt einfach hin!

Charly bremst erschrocken ab.

„Frau Lorenz!", schreit da auch schon Lisa. „Jojo ist hingefallen!" Jojo liegt auf dem Boden und ist ganz angespannt, steif wie ein Brett und bewegt sich nicht. Keiner weiß so richtig, was los ist und was zu tun ist. Nur Charly geht zu Jojo. Sie will ihm helfen. „Jojo, was hast du?" Aber Jojo reagiert nicht. Die ganze Klasse steht mucksmäuschenstill da.

Alle blicken mit großen Augen auf Jojo. Plötzlich zuckt und zittert Jojo am ganzen Körper. Was ist nur los mit ihm?

Die Lehrerin ruft einen Krankenwagen.

„Lorenz, Ulmenhof-Grundschule. Wir sind am Sportplatz. Einer meiner Schüler hat einen epileptischen Anfall und ist gestürzt."

„Einen was?", denkt Charly. In ihrem Kopf dreht sich alles. Zum Glück kommt gleich ein Krankenwagen.

Als Jojo am nächsten Tag in die Klasse kommt, ist er ganz still. Er hält den Kopf gesenkt und starrt auf den Boden. Als er auf dem Weg zu seinem Platz an Charly vorbeikommt, sieht sie sein blasses Gesicht. „Hey, schön, dass du wieder da bist!“, begrüßt Charly ihn. Er lächelt nicht zurück. Es sieht aus, als ob er sich nicht wohlfühlt und Angst hat.

„Wollen wir heute meine neue Geschichte nachspielen?"
Charly hofft, ihn so aufmuntern zu können. Jojo nickt kurz und schaut sofort wieder auf den Boden.
Hat er sie überhaupt gehört?
„Schaut mal", ruft Lisa, „Jojo ist wieder da!"
Sofort ist es mucksmäuschenstill im Klassenzimmer.
Alle starren Jojo an.
„Was war denn gestern mit dir? Warst du im Krankenhaus?", fragt Lisa auch schon drauflos. Die anderen stimmen sofort ein: „Ja, wie war es im Krankenhaus?"

„Was haben sie denn da mit dir gemacht?"
„Bist du krank?"
„Jojo sah gestern aus wie ein Idiot!", sagt da plötzlich jemand ganz fies. „Stimmt", sagt Lisa, „das war echt krass. Hast du das jetzt öfter?"
Jojo reißt erschrocken die Augen auf. Er bekommt überall rote Flecken im Gesicht, beginnt zu zittern und rennt aus dem Klassenzimmer. Charly stampft mit dem Fuß und brüllt: „Ihr seid alle so bescheuert! Lasst Jojo in Ruhe!"
Dann rennt sie Jojo hinterher.

Jojo sitzt auf dem Boden neben der Tür zum Schulhof und hat das Gesicht in den Armen vergraben. Als Charly sich neben ihn setzt, will er sich wegdrehen. Doch Charly beugt sich vor und klopft ihm auf die Schulter. „Hey, ist doch alles gut“, murmelt sie, auch wenn sie sich da nicht ganz so sicher ist.
„Jetzt kann mich keiner mehr leiden. Niemand will mit einem Idioten zu tun haben“, schluchzt Jojo. „So ein Quatsch“, protestiert Charly. „Was hast du denn jetzt eigentlich?“, fragt sie Jojo. Er guckt nach unten. Er holt tief Luft und antwortet: „Als ich sechs war, bin ich zum ersten Mal umgefallen. Im Sommer. Und im Herbst haben die Ärzte rausgefunden, was los ist. Und seitdem wissen es nur die Lehrer. Ich sag es sonst keinem, weil … sonst machen sich doch alle über mich lustig!“

„Ja, aber was hast du denn?“, fragt Charly. „Bist du krank?“
„Ich hab Epilepsie. Das ist so eine bescheuerte Krankheit ... im Kopf ... das ist so peinlich.“
„Die ist wirklich doof“, erwidert Charly. „Die kann man ja nicht mal gut aussprechen.“
Jojo lacht. „Ja genau. Erklären kann man die Krankheit auch nicht so gut. Die Ärzte sagen, dass die Nervenzellen in meinem Gehirn manchmal Quatsch machen. Und dann kommen wichtige Infos in meinem Gehirn nicht mehr da an, wo sie hingehören. Zum Glück machen sie das nur manchmal und nur kurz. Das heißt dann epileptischer Anfall. Die Nervenzellen machen dann nicht mehr das, wofür sie eigentlich da sind. Manche Zellen sind für das Bewegen der Arme oder Beine zuständig, andere fürs Sprechen, Sehen oder Hören. Hast du gewusst, dass die Augen, die Ohren und der Mund das gar nicht alleine machen? Die brauchen das Gehirn dazu!“
Jojo tut es gut, mit Charly über die Krankheit zu sprechen und kein Geheimnis mehr vor ihr zu haben.
„Die Ärzte sagen, dass ein Anfall verschieden ablaufen kann, je nachdem, wo im Gehirn der Quatsch gerade passiert. Manche Kinder kriegen einfach ein paar Sekunden nichts mehr mit. Keiner bemerkt den Quatsch, der eben im Gehirn passiert ist. Andere sehen komische Blitze, ihnen wird schlecht, der Arm kribbelt, oder sie können nicht richtig reden. Bei mir sieht so ein Anfall krass aus. Das Fiese ist, dass ich davon gar nichts mitkriege. Ich habe keine Ahnung, was ich alles mache, wenn ich einen Anfall habe. Ich habe aber immer gehofft, dass es mir nicht in der Schule passiert. Jetzt haben es aber doch alle gesehen.“

„Na, ihr beiden? Was macht ihr denn hier?“ Frau Lorenz läuft den Flur entlang und bleibt vor Charly und Jojo stehen.
„Jojo, wie schön, dass du wieder da bist! Geht es dir besser?“
„Ja“, sagt Jojo. „Aber die anderen verstehen nicht, was mit mir los war. Sie lachen mich aus.“
„Wie bitte?“, fragt Frau Lorenz empört. Dann sagt sie: „Na ja. Ich glaube, dass ich als Lehrerin nicht gut reagiert habe. Ich hätte deinen Schulkameraden gleich erklären sollen, was du hast, Jojo, damit sie es verstehen können.
Charly steht auf und lächelt.
„Können Sie uns helfen, Frau Lorenz? Ich hab da so eine Idee.“

Die Klasse staunt nicht schlecht, als Frau Lorenz mit Jojo und Charly ins Klassenzimmer kommt. Charly geht an die Tafel und sagt laut: „Guten Morgen, liebe Klasse. Frau Lorenz hat gesagt, ich darf heute mal die Lehrerin sein. Und deswegen machen wir jetzt eine Geschichtenstunde."

„Och nö", mault Lisa. „Mein Bruder sagt, Geschichte ist total öde." „Nicht Geschichte", antwortet Charly. „Geschichten. Wir spielen jetzt eine Geschichte nach. Wisst ihr noch, wie wir auf Klassenfahrt gefahren sind?"

„Ja, auf eine Insel!", ruft Leon, und alle fangen an, gleichzeitig zu reden. „Die Insel Langeoog!"

„Da haben wir jeden Tag Fisch gegessen."

„Quatsch, doch nicht jeden Tag!"

„Aber fast."

„Ja, genau", sagt Charly. „Und das spielen wir jetzt nach. Heute ist also der Tag, an dem uns Frau Lorenz sagt, dass wir auf Klassenfahrt fahren."

Charly geht aus dem Klassenzimmer, kommt wieder rein und ist Frau Lorenz.

„Guten Morgen, liebe Klasse!“, sagt sie. „Ich habe eine gute Nachricht. Wir fahren bald zusammen auf Klassenfahrt.“
„Wohin? Wohin?“, ruft Jojo sofort.
Lisa stimmt ein: „Ja, wohin?“
Wie von selbst fangen die anderen auch an:
„Wohin?“ „Wohin?“ „Wohin?“ „Wohin?“ „Wohin?“

Charly schreit so laut sie kann: „Das will ich euch doch sagen, aber hier versteht mich ja keiner!“
„Okay, wir machen jetzt die nächste Szene!“, brüllt Charly schließlich. Aber die Klasse brüllt immer noch weiter im Chor: „Wohin?“ „Wohin?“

GSUENAMWOARCG
JBSEIUADSAKAMHDBAUWHDFZ
HAWOHINSOLLESGEHENFRAULORENZJJS
JSDFHUWFJKSEWJKF
LASSENFAHRT
WOHINWOHINWOHINWOHIN
NBJASFUAJSFJ
CHRISTINEJFNFKCMEOPWMDIW
DKEIELEOGPLRLR
WASMEINTIHRWOHINES
AUFKLASSENFAHRT
JSKAHJSKLHDJEKLSFSKLEATGKEJOJOJKERHTJHERHCNJKGTH
FKSJKÖJSKLFJKLSJKLKDLSÖFKLSÖDJFKLM IPSUM
FEIGKGK
GLFKEMDPFKROWNFOFGEKFKFLKFKFEJFJFJFJF
FEKGIBF
CHARLYIB
KNFKFKF
KCLSÖSNNEKF
HJNDKLA
KLASSENFAHRTS
SUM
HFUDJGKMA
ÖNXUILNVDIKNBV
ÜLKUHBKGIRLKDIKL
JFKENFKLLFJEIOFLWBCTILWPÜÖÜ
WJFKFKEBWHJE
HFIEKFIBQUIPPJLISAKVXBMHJCOWLQOGÖHROWOGÖRORLEK
BRKKNSODLBUEPILEPS
KLASSEJFILKWJWJF
JDJFIVKRVEKJLT DH
DKDKGLVSTEXB
BCKDFRAULORENZ
ÜÄSKRIKSIK
AJWOHLEIFJHIEKQ
INXMWOKF
KDURCHEINANDE
KCODNFISLWL
HDIEKFIGLGLDIWNFLELF

Da steht die „richtige“ Frau Lorenz auf und geht nach vorne. Plötzlich ist es ganz still im Klassenzimmer. „Habt ihr gemerkt, was gerade passiert ist?“, fragt sie die Klasse.
„Wir haben alle gleichzeitig geredet“, sagt Lisa und starrt auf ihren Tisch.
„Das stimmt. Und warum?“
„Weil einer angefangen hat?“, schlägt Julia vor.
„Und dann haben immer mehr mitgemacht“, ergänzt Leon.
„Ja, wir waren so gespannt und wollten
es unbedingt alle wissen.“
„Wisst ihr, was wir gerade gemacht haben? Wir haben nachgespielt, was manchmal bei Jojo im Kopf passiert. Im Gehirn. Das Gehirn ist ja nicht nur zum Denken da. Es sagt auch dem Körper, was er zu tun hat. Aber das klappt nicht immer. Bei manchen gibt es im Gehirn kurze Zeiten, in denen viele Nervenzellen gleichzeitig reden. So wie wir gerade eben.“
„Und dann? Was passiert dann?“, fragt Charly.
„Unser Körper hört das Gehirn nicht?“, fragt Lisa.
„Ja, genau“ sagt Frau Lorenz. „Und dann versteht kurz keiner mehr was. Nichts läuft, wie es soll. Wenn also alle Nervenzellen gleichzeitig reden und nicht machen, was sie eigentlich sollen, kann das ein epileptischer Anfall sein. Und so was hatte Jojo gestern. Deshalb fiel er hin und war ganz steif. Das Zucken und Zittern kam auch daher. Jojo hat gar nicht mitbekommen, was passiert ist. Nach einer Weile beruhigen sich die Nervenzellen, und alles ist wieder in Ordnung.“
Alle schauen erst zu Jojo, dann zu Frau Lorenz und wieder zu Jojo. Schließlich fragt Lisa: „Und was kann man da machen?“

Mach mit!

Tipps und Übungen für dich

Puh, das waren vielleicht zwei aufregende Tage für die Klasse 3c! So ein schöner Tag. Doch dann fällt Jojo im Sportunterricht einfach um, und ein Krankenwagen kommt. Und am nächsten Tag erfährt die Klasse, dass Jojo eine Krankheit hat, von der sie alle noch nie etwas gehört haben! Und deren Name ein echter Zungenbrecher ist.
Charly fragt sich, warum Jojo ihr nie etwas von seiner Epilepsie erzählt hat. Schließlich ist sie doch seine beste Freundin! Aber er hat ja auch sonst keinem davon erzählt. Nur die Erwachsenen haben es gewusst. Und wie können Charly und die Klasse Jojo nun helfen, wenn er den nächsten epileptischen Anfall hat?
Auch Jojo hat viele Fragen, aber das sind ganz andere. Er hat sich überlegt, seine Epilepsie jetzt nicht mehr geheim zu halten. Wenn er mit anderen rumrennen oder Fußball spielen will, dann soll nicht mehr jedes Mal ein Erwachsener oder eine Erwachsene mitgehen. Als er auf dem Sportplatz den Anfall hatte, hat Frau Lorenz mit ihrem Handy einen Krankenwagen gerufen. Aber das können seine Freundinnen und Freunde doch auch! Auf jeden Fall wäre es gut, wenn sie wissen, was Epilepsie eigentlich genau ist und was sie machen können, wenn so ein Anfall passiert.
Jojo fragt sich, wie er das am besten erklären kann. Außerdem weiß er, dass außer ihm noch viele andere Kinder und auch Erwachsene Epilepsie haben. Aber wie viele sind das eigentlich? Und kann man das heilen?
Jojo hat große Sorgen gehabt, nach dem Anfall in die Schule zu gehen. Ob das anderen Kindern mit Epilepsie manchmal auch so geht? Und was, wenn das nächste Mal ein Anfall kommt? Auf dem Sportplatz hat er schon gemerkt, dass ihm ein bisschen komisch war, schwindlig irgendwie. Vielleicht merkt er ja, wann das nächste Mal ein Anfall kommt, und kann dann schnell noch Bescheid sagen …
Charly und Jojo gehen mit ihren Fragen und Ideen zu Frau Lorenz – sie hat ihnen schließlich schon mal geholfen. Frau Lorenz schlägt vor, mit Jojo und Charly gemeinsam nach Antworten zu suchen und sie gleich aufzuschreiben.
Begleite Charly, Jojo und Frau Lorenz bei ihrer Suche und erfahre viele spannende Dinge über die Epilepsie.

Herr Kasumba

Bei Dr. Kasumba, dem Arzt für Neurologie

Seitdem Jojo und seine Eltern wissen, dass er Epilepsie hat, geht Jojo regelmäßig zu einem Arzt, der sich besonders gut mit dem Gehirn auskennt: einem Neurologen, Herrn Kasumba. Heute haben Charly, Jojo und Frau Lorenz einen Termin bei Herrn Kasumba. Sie dürfen ihn mal richtig über Epilepsie ausfragen.

Jojo ist beim Sportunterricht zusammengesackt, hat sich verkrampft und dann gezuckt. Hat man das immer, wenn man Epilepsie hat?

Nein. Es gibt nicht *die* Epilepsie, sondern verschiedene Formen. Genauso wie es verschiedene Arten von Anfällen gibt. Nicht bei allen wird man bewusstlos, und nicht bei allen zuckt man. Was man von außen sehen kann, hängt davon ab, wo im Gehirn der epileptische Anfall stattfindet.

Was ist ein epileptischer Anfall?

Da sind Nervenzellen im Gehirn, und die sorgen dafür, dass Jojo seine Arme und Beine bewegen kann, dass er beim Fernsehen Bild und Ton mitbekommt und er sich nachher an alles erinnern kann. Alles, was Jojo sieht, hört, riecht, schmeckt, fühlt und denkt, hängt davon ab. Dabei ist eine einzelne Nervenzelle nur für einen kleinen Teil der Aufgaben zuständig; sehen, hören, schmecken, riechen, denken und sich daran erinnern ist kompliziert und klappt nur, wenn viele Nervenzellen zusammenarbeiten. Das ist bei einem epileptischen Anfall einen Moment lang nicht möglich, da dann einige Nervenzellen im selben Takt dasselbe machen – wie neulich auf dem Sportplatz. Wenn so etwas passiert, dann kann das sehr unterschiedliche Folgen haben – je nachdem, wo die Nervenzellen im Gehirn liegen, wie viele Nervenzellen mitmachen und welche Aufgabe diese Zellen normalerweise haben. Bei manchen Anfällen ist dieses Chaos auf einen Bereich im Gehirn begrenzt, bei anderen Anfällen machen alle Bereiche im Gehirn mit. In einem Fall zuckt dann zum Beispiel nur eine Hand; im anderen verkrampfen sich nahezu alle Muskeln gleichzeitig. Übrigens: Wenn man einmal einen epileptischen Anfall hat, heißt das nicht, dass man deshalb automatisch Epilepsie hat. Man kann auch einen epileptischen Anfall bekommen, ohne Epilepsie zu haben, beispielsweise wenn man sehr hohes Fieber hat. Epilepsie nennt man es erst, wenn jemand mindestens zwei Anfälle gehabt hat. Die müssen aber nicht genauso ablaufen wie bei Jojo.
Fachärzte wie ich können herausfinden, ob jemand wirklich eine Epilepsie hat. Und wir kennen auch die vielen verschiedenen Ausprägungen von Anfällen, die es gibt. Ich habe hier für euch mal die fünf häufigsten herausgesucht:

Diese Anfallsarten gibt es:

Tonische Anfälle: Man wird ganz steif und starr, fast wie ein Bügelbrett. Das kann mehrere Minuten anhalten.

Absence: Man ist kurz „weggetreten" und hört auf mit dem, was man gerade macht. Man ist bewegungslos, hat einen starren Blick und reagiert auch nicht, wenn andere einen ansprechen. Oft dauern diese „Aussetzer" nur wenige Sekunden an. Deswegen fallen solche Anfälle oft erstmal gar nicht auf. Das liegt auch daran, dass man selbst keine Erinnerung an so einen Anfall hat und man einfach damit fortfährt, was man vorher gemacht hat – so, als wäre nichts geschehen.

Myoklonische Anfälle: Man zuckt ruckartig mit bestimmten Muskeln, zum Beispiel mit den Armen oder den Beinen. Bei einer solchen plötzlich auftretenden Zuckung kann auch mal der Stift im hohen Bogen durch die Klasse fliegen.

Tonisch-klonische Anfälle: Man versteift sich zuerst und fängt dann an zu zucken. Manchmal macht man am Anfang auch Geräusche dabei. Man kann davon auch einen Muskelkater bekommen. Jojo hatte einen tonisch-klonischen Anfall, den man auch „Grand-Mal-Anfall" oder „großer Anfall" nennt.

Klonische Anfälle: Auch hier zuckt man mit den Armen oder den Beinen, aber mehrmals hintereinander und rhythmisch, also wie im Takt eines Liedes.

Sie sagen, dass es darauf ankommt, wo im Gehirn der Anfall stattfindet. Was heißt das genau?

Je nachdem, wo im Kopf der Anfall stattfindet, fühlt sich das anders an und sieht von außen ganz anders aus. Das liegt daran, dass bestimmte Bereiche in unserem Gehirn für unterschiedliche Dinge zuständig sind. Es gibt zum Beispiel einen Bereich im Gehirn, der vor allem für Bewegung zuständig ist. Wenn es hier zu einem Anfall kommt, dann können z.B. Arme und Beine zucken, ohne dass man etwas dagegen tun kann. Das können andere sehen. Ein anderer Bereich im Gehirn ist wichtig fürs Fühlen. Passiert in diesem Bereich ein Anfall, dann kann sich das Anfühlen wie ein Kribbeln im großen Zeh oder wie ein eingeschlafenes Bein: taub oder etwas schmerzhaft. Man kann das aber oft nicht bei jemandem anderen sehen.

Wenn sich der epileptische Anfall nur an einer bestimmten Stelle des Gehirns breitmacht, dann nennen wir das einen fokalen Anfall.

Aber das war doch nicht das, was Jojo hatte?

Gut aufgepasst. Nein, das war es nicht. Was Jojo hatte, war ein „generalisierter" Anfall. Der heißt so, weil er das ganze Gehirn betrifft, also überall ist.

Ist so ein Anfall gefährlich?

Der Anfall selbst ist normalerweise nicht gefährlich. Die größte Gefahr besteht darin, sich zu verletzen, wenn man zum Beispiel das Bewusstsein verliert und hinfällt oder beim Zucken an ein Regal stößt und Gegenstände aus dem Regal auf einen fallen. Obwohl die Epilepsien so viele unterschiedliche Gesichter haben, laufen Anfälle bei einer Person meistens sehr ähnlich ab. Das heißt, Jojo und seine Freunde, die ja jetzt Bescheid wissen, können sich überlegen, was zu tun ist, wenn Jojo einen Anfall bekommt. Zum Beispiel gibt es Kinder, die spüren, dass ein Anfall im Anmarsch ist. Jojo hat sehr oft ein komisches Bauchgefühl und merkt, wie sein Herz rast. Er sieht Funken blitzen, die gar nicht da sind. Wenn man so ein Vorgefühl hat und wie Jojo an einer Form der Epilepsie leidet, bei der man bewusstlos wird, kann man sich schützen und auf den Boden legen. Dann fällt man nämlich nicht hin und tut sich nicht weh.

Jojos Freunde können ihm helfen, indem sie aufpassen, dass er sich nicht verletzt, also Platz machen und ihm ein Kissen oder eine Jacke unter den Kopf legen, damit er sich nicht stößt.
Leider haben nicht alle Kinder und Erwachsene so ein Vorgefühl oder erst so kurz vor dem Anfall, dass es dann schon nicht mehr hilft. Einen Krankenwagen muss man nur rufen, wenn ein Anfall länger als fünf Minuten dauert.

Frau Lorenz hat gesagt, dass viele andere Kinder und auch Erwachsene Epilepsie haben. Wie viele sind das genau?

So genau weiß man das nicht. Aber man schätzt, dass weltweit im Moment etwa eine von hundert Personen (Kinder und Erwachsene) Epilepsie hat. Überleg einmal, wie viele Kinder auf deine Schule gehen – vielleicht haben einige von denen eine Epilepsie, ohne dass du davon weißt!

Kann man Epilepsie heilen?

Medikamente sorgen dafür, dass die Anfälle seltener oder gar nicht mehr auftreten. Allerdings können sie die Krankheit nicht heilen. Epilepsien sind chronische Krankheiten, das heißt, sie gehen normalerweise nicht einfach so weg, und man hat sie ein Leben lang. Es gibt aber ein paar Epilepsien bei Kindern, die weggehen können, wenn sie älter sind.
Mehr als die Hälfte der Kinder und Erwachsenen mit Epilepsie werden im Laufe ihres Lebens anfallsfrei.

Frau Swoboda

Bei Frau Swoboda, einer Psychotherapeutin

Als Jojo und seine Eltern erfahren haben, dass er Epilepsie hat, sind alle sehr erschrocken. Sie haben sich gefragt, wie sie damit umgehen können. Die Ärzte haben Jojos Eltern empfohlen, Hilfe bei einer Psychotherapeutin oder einem Psychotherapeuten zu suchen. Charly, Jojo und Frau Lorenz treffen sich jetzt mit Frau Swoboda, einer Psychotherapeutin, und dürfen sie ein paar Sachen fragen.

Jojo hatte beim Sportunterricht einen epileptischen Anfall. Danach hatte er große Angst, wieder in die Schule zu gehen. Geht es vielen Kindern mit Epilepsie so?

Ja. Die meisten verstehen zuerst nicht, was genau passiert. Sogar die Erwachsenen können das häufig nicht besonders gut erklären. Was man nicht versteht oder was man nicht kennt, macht einem Angst. Auch dass man nicht weiß, wann der nächste Anfall kommt und ob man sich dann vielleicht wehtut, bereitet vielen Kindern und Eltern Sorgen. Vielen ist es peinlich, wenn ein Anfall in der Öffentlichkeit passiert, also in der Schule, im Verein oder beim Einkaufen. Es ist deswegen wichtig, dass man mit seinen Eltern und seiner Neurologin oder seinem Neurologen bespricht, was bei einer Epilepsie passiert und worauf man achten muss.

Was für Probleme können Kinder mit Epilepsie sonst noch haben?

Nicht nur das betroffene Kind selbst hat oft Angst, sondern meistens auch seine Eltern. Sie versuchen, das Kind zu beschützen und sehen überall Gefahren. Das kann so weit gehen, dass die Eltern das Kind jeden Tag zur Schule bringen und wieder abholen, obwohl das Kind das eigentlich selber kann. Und manchmal verbieten die Eltern dem Kind auch, draußen oder allein mit seinen Freunden zu spielen, weil sie das für zu gefährlich halten.
Aber gerade dadurch bekommen manche betroffene Kinder erst richtig Angst. Sie denken: Wenn meine Eltern sich solche Sorgen machen, ist es wirklich gefährlich, allein mit Freundinnen und Freunden zu spielen oder rauszugehen! Sie spielen dann vielleicht weniger mit anderen Kindern und bleiben ständig drinnen. Dadurch aber sehen sie ihre Freundinnen und Freunde kaum noch und werden möglicherweise sogar einsam.
Andere Kinder verstehen meist nicht, was mit dem Kind los ist. Sie machen sich lustig oder hänseln es. Das ist nicht in Ordnung! Kein Kind kann etwas für seine Epilepsie, und jedes Gehirn kann mit einem Anfall reagieren!

Was macht man, wenn die Angst zu groß wird?

Kinder und Eltern können Hilfe bei einer Psychotherapeutin oder einem Psychotherapeuten suchen. Dort lernen sie, mit ihren Ängsten umzugehen und diese zu bewältigen. Angst heißt ja, dass man glaubt, es bestehe eine Gefahr. Manchmal ist Angst berechtigt, manchmal aber ist sie übertrieben. Damit Kinder und Eltern wissen, welche Ängste berechtigt und welche übertrieben sind, sollten sie sich ganz genau von einer Neurologin oder einem Neurologen beschreiben lassen, was bei einer Epilepsie gefährlich sein kann und was nicht.

Wenn Kinder mit Epilepsie in der Schule geärgert werden, können sie lernen, sich dagegen zu wehren. Oft reicht es aber auch schon, den Schulkameradinnen und -kameraden zu erklären, was genau eine Epilepsie ist. So wie bei Jojo: Als die anderen verstanden haben, was mit ihm los ist, hat sich niemand mehr über ihn lustig gemacht. Deshalb ist es sehr wichtig, mit Mitschülerinnen und Mitschülern, Freundinnen und Freunden über die Epilepsie zu reden. Auch das kann in einer Psychotherapie geübt werden.

Ordnung ins Chaos – Hilfreiche Tipps für den Alltag

Jojo hat über seinen ersten Anfall in der Schule nachgedacht und gemerkt, dass in den Wochen davor ziemlich viel los war. Die Großeltern waren zu Besuch und Jojo lag oft lange wach oder schlief zu lange. Herr Kasumba, sein Neurologe, hat ihm erklärt, dass auch Stress und eine unregelmäßige Tagesstruktur dazu führen können, dass die Anfälle häufiger werden.

Diese Tipps hat Jojo mit Herrn Kasumba und seinen Eltern für dich und deine Eltern gesammelt, wenn du in in einer ähnlichen Situation bist:

1. Struktur schaffen

Lege genaue Zeiten fest, in denen du Hausaufgaben machst, spielst und schlafen gehst. Sag deinen Eltern, dass du immer zu ähnlichen Zeiten essen möchtest. Das ist nicht nur für dich gut, sondern auch für sie.

2. Gut schlafen

Achte darauf, wie viel Schlaf du brauchst, damit du am nächsten Tag gut ausgeruht bist. Schau dann, dass du rechtzeitig ins Bett gehst, um so viel Schlaf zu bekommen. Wenn du früh raus musst, gehe rechtzeitig ins Bett, sodass du lange genug schläfst. Mach ein Einschlafritual, das du immer abends vor dem Schlafengehen wiederholst: zum Beispiel in deinem Buch lesen oder dein Lieblingslied hören. Generell gilt: Luft rein, Licht aus, Lärm raus – also einmal gut durchlüften, kein Licht mehr (auch nicht vom Handy oder Tablet!) und Tür zu, sodass du nicht durch Geräusche gestört wirst.

3. Symptomtagebuch führen

Du hast wahrscheinlich nicht dauernd epileptische Anfälle. Viele Menschen mit Epilepsie beobachten, dass sie ihre epileptischen Anfälle in bestimmten Situationen öfter haben als in anderen. Schreib dir auf, an welchen Tagen und zu welchen Uhrzeiten du Anfälle hast und wie sie aussehen. Dazu musst du manchmal auch andere fragen. Schreib auch auf, ob vorher etwas Ungewöhnliches passiert ist. Dann kannst du vielleicht den Anfällen auf die Spur kommen und herausfinden, was bei dir vielleicht einen Anfall begünstigen kann (zum Beispiel schlecht geschlafen, Stress mit Freunden, Medikamente vergessen, vor Prüfungen, wenn du sehr aufgeregt bist).

Du als Schauspieler! – Geschichtenstunde mit deiner (Quatsch-)Klasse

Mach auch du mit deiner Klasse eine Geschichtenstunde und spiele Charlys Geschichte von der Chaos-Klasse nach. Eine Anleitung dazu findest du hier:

Anleitung zum Geschichten nachspielen

1. Lehrkraft fragen

Wenn du eine Geschichtenstunde machen willst, musst du das zuerst mit deiner Lehrerin oder deinem Lehrer besprechen. Charly und Jojo haben auch zuerst Frau Lorenz gefragt. Deine Lehrerin oder dein Lehrer wird bestimmt Ja sagen.

2. Geschichte erzählen

Erzähl deinen Mitschüler*innen die Geschichte, die ihr nachspielen wollt.

3. Teilnehmer*innen aussuchen

Deine Mitschüler*innen wissen, welche Personen in der Geschichte vorkommen. Frag sie, wer am liebsten wen spielen möchte. Wenn ihr euch nicht einig werdet, könnt ihr würfeln oder eine Münze werfen.

4. Leiter*in aussuchen

Wenn man einen Film dreht, ist immer jemand dabei, der den Teilnehmer*innen sagt, was sie machen sollen. Am besten macht das jemand, der gut erklären kann.

5. Achtung, fertig, los!

Ihr wisst, worum es geht, was passiert und was die Personen in der Geschichte machen? Dann könnt ihr auch schon anfangen.

Viel Spaß!

Weitere Geschichten zum Nachspielen

In Jojos Geschichte geht es um den Grand-Mal-Anfall, das war ein generalisierter Anfall. Du möchtest mit deiner Klasse eine andere Anfallsart nachspielen? Erinnern wir uns noch einmal kurz, was Herr Kasumba, Jojos Neurologe, erklärt hat:

Bei einem generalisierten Anfall machen fast alle Nervenzellen im Kopf Quatsch. Wie in der Schule, als Lisa zuerst gefragt hat, wohin die Klassenfahrt geht, und dann alle anderen gleichzeitig gesprochen haben. Oder wenn ihr euch an den Tag erinnert, an dem jemand wegen eines Witzes angefangen hat zu lachen und das so ansteckend war, dass alle anderen auch lachen mussten. Da versteht niemand mehr etwas. Wenn im Gehirn alle Nervenzellen gleichzeitig so etwas machen, weiß der ganze Körper nicht mehr, wie er reagieren soll. Dann kriegen wir in der Regel nichts mehr mit. Unser Gehirn ist also kurzzeitig außer Betrieb. Wie willst du den Anfall nachspielen? Überlege dir, was alle gleichzeitig machen können, so dass niemand mehr etwas richtig versteht!

Bei einem fokalen Anfall fängt eine Gruppe von Nervenzellen an, plötzlich unkontrolliert Impulse abzufeuern, die übrigen arbeiten aber ganz normal weiter. Dann weiß nur ein Teil des Körpers nicht mehr, wie er funktionieren soll. Zum Beispiel kann dann der rechte Arm zucken oder die Augen sehen komische Blitze oder Farben. Auch dafür hat sich Charly eine Geschichte ausgedacht, die du in deiner Klasse nachspielen kannst:

In der Klasse 3c ist heute ruhige Gruppenarbeit. Die Kinder haben dafür Gruppentische bekommen, wo sie unterschiedliche Aufgaben erledigen. Manche schreiben einen Aufsatz schreiben, andere lösen Matheaufgaben, wieder andere lesen einen langen Text. Plötzlich hat Julia keine Lust mehr auf ihre Matheaufgaben. Sie sagt zu ihren beiden Sitznachbarn: „Kommt, wir singen zusammen das Lied, das die ganze Zeit im Radio gespielt wird. Ihr wisst schon!"
Julias Sitznachbarn sind einverstanden. Und so fangen sie an zu singen.
Alle anderen Kinder wundern sich. Trotzdem versuchen sie weiterzuarbeiten.
Nach wenigen Minuten ist das Lied fertig, und Julia und ihre Sitznachbarn arbeiten wieder konzentriert an der Aufgabe.

Das Notfallkommando

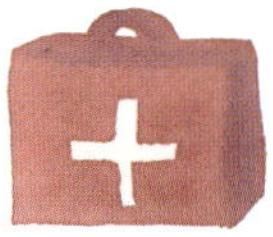

Bei einem Anfall richtig reagieren

Charly und die anderen aus der Klasse 3c möchten unbedingt wissen, was sie das nächste Mal machen können, wenn Jojo einen epileptischen Anfall hat. Frau Lorenz setzt sich mit den Schüler*innen zusammen und erstellt mit ihnen einen Notfallplan.

Jede Epilepsie ist anders. Das heißt nicht nur, dass es unterschiedliche Formen von Epilepsie gibt. Bei jedem Kind und jeder und jedem Erwachsenen mit Epilepsie sehen die Anfälle ein bisschen anders aus und sind auch unterschiedlich schwer. Deshalb kann ein Notfallkommando ganz unterschiedliche Aufgaben haben. Manchmal müssen die anderen einfach nur ruhig bleiben und weitere Leute beruhigen, die wegen des Anfalls große Sorgen kriegen. Manchmal muss ein Notfallkommando aber auch aufpassen, dass das Kind oder die oder der Erwachsene mit Epilepsie sich nicht aus Versehen wehtut.
Sprich daher mit deinen Klassenkamerad*innen, deinen Eltern und Lehrkräften und stellt gemeinsam einen ganz persönlichen Notfallplan auf. Jojos Plan sieht so aus:

1. Alle bleiben ruhig, es ist ein epileptischer Anfall.
2. Auf die Uhr schauen und Uhrzeit merken. Dann weiß man, wie lange der Anfall schon dauert.

3. Etwas Weiches unter den Kopf, die Arme und die Beine legen. Dazu liegen jetzt immer Kissen in einer Kiste im Klassenzimmer.
4. Gegenstände wegstellen, an denen Jojo sich während des Anfalls verletzen kann (zum Beispiel den Tisch oder die Stehlampe wegräumen).

5. Schauen, ob ein Kleidungsstück, zum Beispiel ein Schal oder ein Halstuch, den Hals einengen könnte. Auch ein Accessoire wie eine Brille kann eine Verletzungsgefahr darstellen.
6. Wenn der Anfall vorbei ist, Jojo bequem auf die Seite legen, damit er gut Luft bekommt. Nach so einem Anfall schläft Jojo normalerweise. Das ist dann die Zeit, in der sich in seinem Gehirn alles wieder beruhigt. Deswegen ist es am besten, wenn man ihn schlafen lässt.

7. Wenn der Anfall länger als 5 Minuten dauert oder mehrere starke Anfälle aufeinander folgen: Krankenwagen rufen. Das kann jede und jeder machen, die oder der ein Handy hat. Dazu die 112 anrufen:

- Sagt euren Namen und wo ihr seid.
- Beschreibt, was passiert ist.
- Nicht auflegen, wartet auf Fragen!

Wenn ihr euch nicht traut oder unsicher seid, holt einen Erwachsenen dazu, der euch hilft!

Wer macht was?

In der Klasse 3c wissen jetzt alle, was zu tun ist, wenn Jojo einen epileptischen Anfall hat. Es sind ganz viele verschiedene Sachen wie Tische wegstellen, ein Kissen holen oder schauen, ob Kleidungsstücke den Hals einengen. Die Klasse hat deswegen einen Aufgabenplan aufgestellt, damit jede und jeder sofort weiß, was sie oder er machen muss. Der Plan für das Notfallkommando der Klasse 3c sieht so aus:

- Lisa holt das Kissen.
- Tamara holt einen Erwachsenen, falls keiner vor Ort ist.
- Julia und Anja gehen ins Sekretariat und sagen dort Bescheid, damit Jojos Eltern informiert werden.
- Thomas schaut auf die Uhr und passt auf, wie lange der Anfall dauert.
- Timo und Mattis räumen alles weg, damit Jojo sich nicht versehentlich verletzt.
- Charly bleibt bei Jojo, bis er wieder wach ist und weiß, wo er ist.

Stellt auch für dich in deiner Klasse so einen Aufgabenplan auf. So wissen alle Mitschüler*innen gleich, was sie machen müssen, wenn du einen epileptischen Anfall hast. Damit alles richtig klappt, ist es gut, den Ernstfall zu üben: Spielt das Notfallkommando durch!

Eine wichtige Aufgabe für alle in der Klasse ist, Jojo zu helfen, falls andere Kinder sich über ihn lustig machen. Sich über ein Kind mit Epilepsie lustig zu machen, ist nämlich gar nicht in Ordnung! Sammelt einfach Sätze, die ihr sagen könnt, wenn andere sich über ein Kind mit Epilepsie lustig machen oder es hänseln.

Für alle, die mehr wissen wollen

Elternbrief

Liebe Eltern,
wenn Kinder epileptische Anfälle und insbesondere die Diagnose Epilepsie bekommen, kommen viele Fragen auf. Manchmal belasten zusätzlich die Reaktionen des Umfeldes: Bekannte und Freund*innen wissen nicht, wie sie mit der neuartigen Situation und ihren eigenen Ängsten umgehen können. Einige äußern Unverständnis, andere gehen auf Distanz.
Sorgen um die Gesundheit und die Zukunft eines Kindes mit Epilepsie sind immer nachvollziehbar. Sie machen sich also keineswegs zu viele Gedanken oder sind überängstlich. Mit großer Wahrscheinlichkeit hat auch Ihr Kind Angst und weiß zunächst einmal nicht, wie es mit der neuen Situation umgehen kann.
Umso wichtiger für Ihr Kind und für Sie ist es, dem Thema Epilepsie offen und akzeptierend zu begegnen. Sprechen Sie frühzeitig mit Ihrem Kind über seine Erkrankung, am besten direkt nach der Diagnose. Klären Sie auch das Umfeld des Kindes auf: Verwandte, Lehrkräfte, Erzieher*innen in Tagesstätten oder bei der Hausaufgabenbetreuung. Ermutigen Sie Ihr Kind, mit seinen Klassenkamerad*innen und Freund*innen über das Thema zu sprechen. Auf diese Weise sorgen Sie für ein verantwortungsvolles Umfeld und Verständnis für die Erkrankung Ihres Kindes, bevor unangenehme Situationen entstehen. Tabuisieren Sie die Epilepsie nicht. Unwissenheit über ihren Gesundheitszustand verunsichert die Kinder, und gegenüber anderen Personen daraus ein Geheimnis zu machen, ist keine Lösung. Je offener Ihr Umgang mit der Epilepsie, desto einfacher wird für Ihr Kind der Umgang mit seiner Erkrankung und deren Bewältigung im Alltag.

Treten epileptische Anfälle auf, gibt es nicht viel, was die betroffenen Kinder tun können. Das Erkennen bestimmter Symptome kann es Ihrem Kind erleichtern, einen Anfall rechtzeitig zu erkennen und darauf hinzuweisen. Doch können Menschen mit Epilepsie einen nahenden Anfall in aller Regel nicht aufhalten. Es ist deshalb notwendig, dass Sie als Eltern mit der behandelnden Ärztin oder dem behandelnden Arzt und den Lehrkräften Ihres Kindes zusammenarbeiten. Sie als Eltern und auch die Lehrkräfte Ihres Kindes sollten sich bei den behandelnden Ärzt*innen konkret über die Epilepsieform und den Schweregrad, die Medikation, die Gefahren und die Einschränkungen informieren. Sie und die Lehrkräfte Ihres Kindes sollten sich erklären lassen, wie Sie bei einem Anfall am besten reagieren.

Kinder verbringen einen Großteil ihrer Zeit im Kindergarten bzw. in der Schule. Ihre Freizeit verbringen Kinder häufig mit Schulfreund*innen. Die Schule dient Kindern nicht nur dazu, neues Wissen anzueignen, sondern auch, soziale Fähigkeiten zu erwerben. Dazu zählen etwa Teamgeist und Einfühlungsvermögen, alles Dinge, die man in der Gruppe am besten lernt.

Wie für alle Kinder ist es auch für Ihr Kind wichtig, Teil einer Gruppe zu sein und sich dort wohlzufühlen. Stellen Sie deshalb sicher, dass Ihr Kind einen möglichst normalen (Schul-)Alltag erlebt.

Selbstverständlich steht die Sicherheit des Kindes an erster Stelle, die sowohl durch Lehrkräfte als auch durch Schulfreund*innen und Eltern gewährleistet werden kann – wenn diese Personen gut über die Krankheit informiert werden! Im Unterricht ist ohnehin stets eine Lehrkraft anwesend. In den Pausen gibt es eine Pausenaufsicht. Mitschüler*innen sind immer dabei. Verbringt Ihr Kind seine Freizeit mit Schulfreund*innen und wissen diese, wie sie bei einem Anfall zu reagieren haben, ist auch hier für ausreichend Sicherheit gesorgt. Mitschüler*innen und Freund*innen sollten einschätzen können, wann ein Rettungsteam gerufen werden sollte. Wenn möglich, sollte die Notrufnummer im Smartphone abgespeichert werden. Hier ist die Tatsache, dass fast jedes Kind bereits in jungen Jahren ein Smartphone besitzt, hilfreich!

Sie als Eltern können sowohl Lehrkräfte als auch Mitschüler*innen, Freund*innen und deren Eltern zeigen, wie sie bei einem epileptischen Anfall reagieren sollten. Sobald Ihr Kind dazu in der Lage ist, üben Sie mit ihm, wie es die Personen in seinem Umfeld selbst instruieren kann. Erarbeiten Sie mit ihm aufgrund der Informationen der behandelnden Neurolog*innen einen schriftlichen Plan für eine Anfallssituation.

Ein Plan für eine Anfallsituation kann so aussehen:

1. Ruhe bewahren.
2. Auf die Uhr sehen und den Beginn des Anfalls registrieren.
3. Die betroffene Person möglichst liegen lassen und um sie herum Platz schaffen oder sie aus der Gefahrenzone (weg von Möbeln, spitzen oder harten Gegenständen) ziehen.
4. Beengende Kleidungsstücke wie Schals oder Halstücher lockern oder entfernen, Brille abnehmen, lose Zahnspange rausnehmen.
5. Den Kopf möglichst auf eine weiche und flache Unterlage betten.
6. Nach dem Anfall die betroffene Person in die stabile Seitenlage bringen und vor Unterkühlung schützen.
7. Die betroffene Person betreuen, bis sie wieder ganz wach ist.
8. Das Anfallende registrieren.

Nur wenn ein Anfall länger als 5 Minuten dauert oder mehrere, schwere Anfälle unmittelbar aufeinanderfolgen, muss die betroffene Person in ein Krankenhaus gebracht werden. Dies passiert jedoch selten.
Bei kürzeren epileptischen Anfällen sind in aller Regel keine besonderen Erste-Hilfe-Maßnahmen notwendig, wenn die oben beschriebenen Empfehlungen befolgt werden.

Um die psychische Gesundheit Ihres Kindes zu beobachten, sollten Sie sich regelmäßig mit den Lehrkräften und den Erzieher*innen in der Tagesstätte oder bei der Hausaufgabenbetreuung austauschen. Somit können Verhaltensauffälligkeiten rechtzeitig erkannt und ernsteren psychischen Belastungen, die aus einer Epilepsie folgen können, kann vorbeugt werden.
Sie möchten stets das Beste für Ihr Kind. Natürlich tun Sie alles dafür, Ihr Kind zu schützen und von jeglicher Gefahr fernzuhalten. Doch auch Sie sind keine Superheld*innen, die jederzeit einschreiten können, sobald ein Unheil naht. Sie können und sollten Ihr Kind nicht auf Schritt und Tritt begleiten.
Viel wichtiger für Ihr Kind ist eine normale Entwicklung, die einen möglichst normalen Alltag voraussetzt: mit dem Besuch des Kindergartens und später der Schule, mit Freund*innen, Klassenfahrten und Freizeit, in der die Kinder spielen und Spaß haben. Solange dabei die besprochenen Sicherheitsvorkehrungen eingehalten werden, die sich an den Empfehlungen der behandelnden Ärzt*innen orientieren, ist dies vollkommen unbedenklich.
Sollten Sie merken, dass Ihre Ängste trotzdem weiter bestehen und sich nicht

bewältigen lassen, empfiehlt es sich, dass Sie Hilfe in Anspruch nehmen, zum Beispiel bei einer Beratungsstelle, die speziell mit dem Thema Epilepsie und damit verbundenen Belastungen vertraut ist.

Der Umgang mit Epilepsie ist eine Herausforderung, die täglich neu bewältigt werden muss. Am besten funktioniert dies, indem Kinder und Eltern mit den Personen des näheren Umfelds zusammenarbeiten. Sprechen Sie mit Ihrem Kind über alle Schritte, die Sie unternehmen, und entscheiden Sie nichts über seinen Kopf hinweg. Erklären Sie Ihrem Kind, warum manche Sicherheitsvorkehrungen notwendig sind – auch wenn sie Einschränkungen für Ihr Kind bedeuten. Aber lassen Sie Ihrem Kind auch den notwendigen Freiraum, den es braucht, um sich angemessen zu entwickeln.

Hinweise zu den Mach-mit-Seiten sowie nützlichen Adressen und Kontakten:
Sie können die Mach-mit-Seiten und hilfreiche Kontakte und Adressen für diesen Titel kostenfrei über unsere Internetseite nach erfolgter Registrierung abrufen. Nutzen Sie dazu bitte den angegebenen Link und melden Sie sich nach den dort beschriebenen Schritten an. Sie können auf die Materialien über *Mein Konto* zugreifen, indem Sie unter *Meine Zusatzmaterialien* den Code eingeben. Sie werden dann automatisch in den Downloadbereich weitergeleitet.
Link: hgf.io/download
Code: B-KXAEKD
Wir empfehlen Ihnen, sich die Materialien auf Ihrem Rechner zu speichern, um sie jederzeit dauerhaft nutzen zu können.

Literatur

Gold, K. & Schlegel, Y. (2015). Pflege von Menschen mit zerbralen Krampfanfällen. Epilepsie. In K.-P. Stein (Hrsg.). *Pflege konkret: Neurologie Psychiatrie* (S.176–178). München: Elsevier GmbH.

Bell, G. S. & Sander, J. W. (2013). The epidemiology of epilepsy: the size of the problem. *Seizure*, 10(4):306-14. doi: 10.1053/seiz.2001.0584.

Petermann, F. (2013). *Lehrbuch der Klinischen Kinderpsychologie*. Göttingen: Hogrefe.

Hilfreicher Link:

https://www.amboss.com/de/wissen/Generalisierte_Epilepsien_im_Kindesalter
https://www.epilepsie-gut-behandeln.de/leben-mit-epilepsie/kinder/

Nachwort der Herausgeber*innen der Reihe *Psychologische Kinderbücher*

Die *Psychologischen Kinderbücher* entstanden durch einen seltenen Glücksfall im Kontext von zwei Seminarveranstaltungen des Fachbereichs Psychologie an der Philipps-Universität Marburg (PUM) im Winter- und Sommersemester 2014/15: Als Kooperationsprojekt entwickelten das Institut für Bildende Kunst und der Fachbereich Psychologie der PUM eine praktische Übung für illustrierte psychologische Kinderbücher.

Wir danken Prof. Tillmann Damrau und Dipl.-Des. Sabine Funk (beide heute Technische Universität Dortmund) für ihre Pionierarbeit am Institut für Bildende Kunst der PUM und die initiale Betreuung der ersten Bücher.

Die Studierenden der Bildenden Kunst hatten Entwürfe zu Kinderbüchern erstellt, die verschiedene psychologische Themen behandeln. Diese Entwürfe wurden von den Studierenden der Psychologie auf der Textebene bearbeitet, sodass psychoedukative Bilderbücher zu psychischen Störungen im Kindes- und Jugendalter entstanden sind, die den neusten Wissensstand zu den jeweiligen Störungen repräsentieren.

Seit dem Sommer 2017 gibt es die *Psychologischen Kinderbücher* nun als Reihe im Hogrefe Verlag. Die PUM würdigte dieses Projekt im selben Jahr mit einem Preis für besonders innovative Lehre. Dieser Preis sowie die Unterstützung durch den Hogrefe Verlag ermöglichen es, seit 2018 die renommierte Illustratorin Leonore Poth und seit 2019 die Schriftstellerinnen Claudia Gliemann und Kathrin Lange hinzuzuziehen, die das Projekt künstlerisch begleiten.

Für die Kinderbücher, die zwischen 2018 und 2020 erschienen sind, haben wir uns für eine klare Aufgabenverteilung entschieden: Die Studierenden der Bildenden Kunst konzentrieren sich unter Anleitung von Leonore Poth ausschließlich auf die Illustration der Geschichten und die Gestaltung der Bücher, und die Studierenden der Psychologie auf die Geschichte und Inhalte, betreut durch Prof. Dr. Hanna Christiansen und unterstützt durch ein Herausgeberteam aus Expert*innen der Klinischen Kinder- und Jugendpsychologie: Prof. Dr. Christina Schwenck (Universität Gießen), Prof. Dr. Tina In-Albon (Universität Koblenz-Landau) und Prof. Dr. Guy Bodenmann (Universität Zürich) sowie aktuell durch die Autorin Kathrin Lange.

Für die Neuerscheinungen 2021 konnten wir Herausgeber*innen mit spezifischer Expertise in diesen Bereichen gewinnen. Frau PD Dr. Anna-Maria Dittrich, Dr. Angelika Thon, Karl Kreh und Dr. Mira-Lynn Chavanon sei herzlich für ihr Engagement bei der fachlichen Betreuung gedankt. Diese neuen Bücher behandeln Diabetes (*Milli und die Zuckerdrachen*), Asthma (*Ecke, Abseits und die Atemnot*),

Neurodermitis (*Mission Schuppe*), Krebserkrankungen im Kindesalter (*Allein ist keine Farbe*) und Epilepsie (*Wackelkontakt*). Diese neuen Bücher fokussieren die psychosozialen Belastungen durch chronisch körperliche Erkrankungen bei Kindern und geben Kindern und Eltern Tipps zum Umgang damit.
Wir freuen uns besonders, dass aus dem universitären Seminaralltag und dem akademischen „Elfenbeinturm" eine so gelungene Buchreihe für kleine Leser*innen und hilfreiche Publikationen für Therapeut*innen und Eltern hervorgeht und wünschen dieser Reihe viele begeisterte Leser*innen und Nutzer*innen.
Die Reaktionen auf die bisherigen Bücher waren überwältigend positiv, worüber wir uns sehr freuen. Wir sind uns sicher, dass wir mit den neu hinzukommenden Büchern an diesen Erfolg anknüpfen können. Die bisherigen Rückmeldungen von Leser*innen und Fachleuten aus der Praxis konnten die Qualität der Bücher weiter steigern und trugen dazu bei, die Reihe erfolgreich auf dem Kinderbuchmarkt zu etablieren.

Prof. Dr. Hanna Christiansen, Prof. Klaus Lomnitzer, Dr. Mira-Lynn Chavanon und Karl Kreh (Marburg), Prof. Dr. Tina In-Albon (Landau), Prof. Dr. Christina Schwenck (Gießen), Prof. Dr. Guy Bodenmann (Zürich), PD Dr. Anna-Maria Dittrich und Dr. Angelika Thon (Hannover)
September 2021

Aus künstlerischer Sicht

Die Psychologischen Kinderbücher sind inzwischen zu einem festen Bestandteil des Curriculums an beiden Fachbereichen geworden. Für Studierende sind sie attraktiv, weil sie zum einen ernste Themen fachlich aufbereiten und dies nicht allein auf wissenschaftlichem, sondern auch auf künstlerischem Weg vermitteln. Zum anderen ist es eine große Herausforderung und Chance, dem hohen Anspruch gerecht zu werden und die Bücher tatsächlich publizieren zu können.
Bis eine Geschichte entwickelt und aufs Wesentliche reduziert und kindgerecht formuliert ist, ist viel zu tun. Daher ist die kompetente künstlerische Betreuung auf Bild- und Textebene ein notwendiges Tandem.
Für die Studierenden sind die Textarbeit, die Entwicklung der Illustrationen und insbesondere die intensive Auseinandersetzung mit professionellen Gestaltungsprogrammen reizvolle, aber permanent blinkende Großbaustellen in ihren eng getakteten Stundenplänen.
Mittlerweile ist nach einigen erfahrungsreichen Jahren ein optimierter Ablauf entwickelt worden, dessen Einhaltung angesichts der außergewöhnlichen An-

forderungen, die mit der Corona-Krise verbunden sind, ehrgeizig geblieben ist. Dass ein derartiges Kinderbuchprojekt sowohl Disziplin als auch eine hohe Motivation voraussetzt, wird gelegentlich erst während des langen Arbeitsprozesses wirklich deutlich. Ohne das außerordentliche und leidenschaftliche Engagement der Studierenden wären zielführende Arbeitsprozesse an jedem einzelnen Buchprojekt undenkbar. Die Kunststudierenden müssen zu den kompakten Geschichten, die in der Regel von den Psychologie-Studierenden kreiert werden, sensibel passende Bilder entwickeln und diese darüber hinaus mit dem Text verbinden und bis zur Publikationsreife gestalten und dabei oft neue, digitale Techniken einüben und schließlich kompetent anwenden.
Für die gelungene Umsetzung der vorgegebenen Themen in anspruchsvolle, aber auch unterhaltsame und kindgerechte Bücher danken wir den beteiligten Studierenden. Wir hoffen sehr, dass auch die neuen Bücher ihre helfende Wirkung auf Kinder und Eltern entfalten werden, und wünschen den einzelnen Büchern wie der gesamten Reihe viel Erfolg!

Kathrin Lange: Autorin, Lehrbeauftragte am FB 04 Psychologie
Philipps-Universität Marburg

Leonore Poth: Künstlerin, Lehrbeauftragte für Kinderbuchgestaltung am Institut für Bildende Kunst

Klaus Lomnitzer: Professor für Grafik und Malerei, Geschäftsführender Direktor des Instituts für Bildende Kunst

Nachwort der Herausgeberin des Bandes

Das Buch *Wackelkontakt* handelt von Jojo, der im Sportunterricht einen epileptischen Anfall hat. Außer seiner Lehrerin wusste niemand aus seiner Klasse, dass er unter einer Epilepsie leidet. Nicht einmal seine allerbeste Freundin Charly. Jojo hat nicht über seine Erkrankung geredet, weil sie ihm peinlich war – er hat Angst gehabt, dass ihn alle auslachen würden. Als Jojo nach dem Anfall wieder in seine Klasse kommt, sind seine Mitschüler*innen neugierig und Jojo ist das Ganze wahnsinnig unangenehm. Sein Geheimnis ist nicht länger geheim und es kommt prompt der erste dumme Spruch.
Obwohl Epilepsie eine recht häufige Erkrankung bei Kindern ist, besteht oft Unsicherheit im Umgang mit betroffenen Kindern in Kindergarten und Schule. Auch den Kindern selbst fällt es schwer, über ihre Erkrankung zu sprechen – vor

allem, weil die Erkrankung etwas mit dem Gehirn zu tun hat, komisch heißt und man sie vielleicht nicht richtig versteht. Jojo geht es leider genauso! Er hatte, wie viele Kinder mit einer Epilepsie, Angst, dass seine Erkrankung „auffliegt". Nachdem die Katze aus dem Sack ist, möchte er sich eigentlich verstecken. Dank seiner Lehrerin und seiner Freundin Charly ist er aber mutig genug, um endlich mit seinen Mitschüler*innen über seine Epilepsie zu sprechen und spielerisch zu veranschaulichen, was los ist. *Wackelkontakt* gelingt es anhand von Jojos Geschichte mit betroffenen Kindern und deren gleichaltrigen Freund*innen und Klassenkamerad*innen ins Gespräch zu kommen.

Im Mitmach-Teil gibt es viele hilfreiche Aufgaben für Lehrkräfte, um in der Klasse über Epilepsien zu informieren und als Klasse positiv und unterstützend mit dieser bunten Erkrankung umzugehen. So kann eine Klasse, in der ein Kind unter einer Epilepsie leidet, zum Beispiel gemeinsam einen Plan für den Fall des (An-)Falls entwickeln. Dieser Einbezug der Klassengemeinschaft kann dazu beitragen, dass sich alle sicherer fühlen im Umgang mit epileptischen Anfällen. Die Botschaft dieses kleinen Buches ist damit klar: Eine Epilepsie ist nichts, wovor man Angst haben muss oder wofür man sich schämen muss. Es ist etwas, über das man sprechen sollte. Das Buch, seine Illustrationen und seine Materialien regen genau dazu an: miteinander sprechen. Nur so können Vorurteile im Umgang mit Betroffenen abgebaut, Fehlvorstellungen und Klischees aus Film und Fernsehen korrigiert und betroffene Kinder wie Jojo im Umgang mit der Erkrankung entlastet werden.

Ich wünsche allen Kindern, Freund*innen, Eltern und Lehrkräften viel Spaß beim Lesen und darüber Reden!

Dr. Mira-Lynn Chavanon
Akademische Rätin, Klinische Kinder- und Jugendpsychologie,
Philipps-Universität Marburg

Über die Illustratorin

Fe Strack wurde 1986 in Marburg geboren. Nach dem Master in Kunstgeschichte begann sie das Masterstudium in Bildender Kunst in Marburg. Kreativität ist ihre Leidenschaft und umgibt sie bereits ihr ganzes Leben. Die Aquarellarbeiten mit Fokus auf den Charakteren und die Mach-mit-Seiten wurden von Fe Strack gestaltet. Die digital gestalteten Hintergründe wurden von Christine Heimes entworfen, die leider aus dem Projekt ausgestiegen ist.

Mit der Krankheit Epilepsie kam Fe Strack durch ihren betroffenen Bruder in Kontakt. Sie weiß, wie schwer es für den Betroffenen und die Angehörigen ist, nach einem Epilepsie-Anfall wieder Mut zu fassen. Doch durch Zusammenhalt und Unterstützung der Familie und Freunde erlebt sie auch die Stärke und Hilfsbereitschaft, die man braucht, um in solchen Momenten Halt zu haben.

Über die Autorinnen
Aus zwei völlig unterschiedlichen Teilen der Welt – aber Chaos kennen sie beide.

Martina Schlegl wurde 1992 in Schwandorf in der Oberpfalz geboren und ging im Alter von 21 Jahren nach Marburg, um dort Germanistik zu studieren. Nach zwei Semestern wechselte sie zu Psychologie, eine Entscheidung, die sie bis heute nicht bereut. Ihre Leidenschaft, das Schreiben von Geschichten, begleitet sie bereits ihr ganzes Leben lang. So lag es für sie nahe, diese Leidenschaft mit ihrer zukünftigen Profession zu verbinden.

Xiaying Lin wurde 1993 in Hangzhou (China) geboren und studierte zunächst drei Semester Internationale Wirtschaft und Handel, ehe sie sich entschied, nach Deutschland zu gehen. Sie lebt seit 2014 in Deutschland und hat innerhalb von zwei Jahren in Leipzig Deutsch gelernt. Mit 22 Jahren begann sie, Psychologie zu studieren. Schon von klein auf war es ihr Traum, Schriftstellerin zu werden.

Beide Autorinnen kamen bereits in ihrer Schulzeit durch betroffene Klassenkameraden in Kontakt mit der Krankheit Epilepsie. Sie erlebten mit, wie belastend ein Anfall sein kann und wie stark die Krankheit bisweilen in das Leben der Betroffenen eingreift. Doch sie sahen auch den Mut und Kampfgeist ihrer Klassenkamerad*innen und die Hilfsbereitschaft und Unterstützung von Lehrkräften und Mitschüler*innen.
Martina Schlegl und Xiaying Lin beschäftigen sich in ihrem Studium insbesondere mit Kinder- und Jugendpsychologie und setzen sich dabei auch mit den psychischen Folgen chronischer Erkrankungen im Kindes- und Jugendalter auseinander.

Bibliografische Information der Deutschen Nationalbibliothek
Die Deutsche Nationalbibliothek verzeichnet diese Publikation in der Deutschen Nationalbibliografie; detaillierte bibliografische Daten sind im Internet über http://www.dnb.de abrufbar.

Anregungen und Zuschriften bitte an:
Hogrefe AG
Lektorat Psychologie
Länggass-Strasse 76
3012 Bern
Schweiz
Tel. +41 31 300 45 00
info@hogrefe.ch
www.hogrefe.ch

Lektorat: Dr. Susanne Lauri
Herstellung: Daniel Berger
Druck und buchbinderische Verarbeitung: Finidr s.r.o., Český Těšín
Printed in Czech Republic

1. Auflage 2021

(E-Book-ISBN_PDF 978-3-456-96197-2)
ISBN 978-3-456-86197-5
https://doi.org/10.1024/86197-000

FSC www.fsc.org MIX Papier aus verantwortungsvollen Quellen FSC® C014138

Weitere Titel der Reihe

Abdalli / Rzany / Hildebrandt / Neudert: Mission Schuppe – Eine kleine Geschichte über das Leben mit Neurodermitis
2021, ISBN 978-3-456-86181-4

Bartling / Buchner / Bendel / Grote / Kresse / Koy: Alles anders bei Familie Biber – Eine Geschichte für Kinder, deren Eltern von Arbeitslosigkeit betroffen sind
2019, ISBN 978-3-456-86019-0

Keshavarz / Ayaz / Röder / Wachter: Ecke, Abseits und die Atemnot – Asthma kindgerecht erklärt
2021, ISBN 978-3-456-86187-6

Maleki / Beham / Böning / Korfmacher / Stracke / Wangenheim: Dunkle Farben im Wunderwald – Ein Buch für Kinder, deren Eltern psychisch krank sind
2019, ISBN 978-3-456-86020-6

Maleki / Hartog den / Maiworm / Wüstefeld: Allein ist keine Farbe – Gemeinsam durch die Chemotherapie
2021, ISBN 978-3-456-86173-9

Meister / Hamacher / Weingarten: Paul und der rote Luftballon – Ein Buch für Kinder, die mutig werden und neue Freunde finden
2018, ISBN 978-3-456-85909-5

Michel / Buschkamp / Drerup / Schramm: Die kleine Eule Luna und wie sie lernte, mit ihrer Trennungsangst umzugehen
2018, ISBN 978-3-456-85896-8

Schaaf / Andersen / Roth / Salzmann: In Gedanken ein Fuchs – Ein Buch für sozial ängstliche Kinder, die selber kleine Füchse sind
2018, ISBN 978-3-456-85899-9

Schaaf / Frerich / Hauck / Klein-Reesink / Zahn: Hörst du die Elefanten brüllen? – Ein Buch für Kinder, deren Eltern sich immer wieder mal streiten
2019, ISBN 978-3-456-86021-3

Schaaf / Eitenmüller / Schultz / Stefcheva: Karli, der kribbelige Kugelfisch – Eine Geschichte für ausgeprägte Trotzköpfe
2020, ISBN 978-3-456-86106-7

Spence / Kiefer / Habermann: Milli und die Zuckerdrachen – Wie Kinder lernen, mit Diabetes umzugehen
2021, ISBN 978-3-456-86179-1

Tusheva / Battisti / Mohme / Roth: Kein Samstag ohne rote Grütze – Eine Geschichte von unsichtbaren Verletzungen
2020, ISBN 978-3-456-86090-9

Weißflog / Köcher / Ladkani / Ngono / Stöhr: Zwei Zimmer für Cleo – Wenn Eltern sich trennen und wie es danach weitergeht
2019, ISBN 978-3-456-86022-0

Weißflog/Ortmüller/Wende: Opas Stern – Ein Trost- und Erklärbuch für Kinder und ihre Eltern
2018, ISBN 978-3-456-85906-4

Weißflog / Dahm / Mews / Warczok: Zum Kuckuck mit den Regeln – Wie Kimi lernte, mit der Wut umzugehen
2020, ISBN 978-3-456-86091-6

Zais / Michalak / Rumpf / Schulte: Zappel-Zirkus Zacharias – Ein Buch für zappelige Zirkuskinder mit ADHS, ihre Zirkusfamilien, Freunde und Zirkusdompteure
2018, ISBN 978-3-456-85918-7

Themen in Vorbereitung

Sexualisierte Gewalt
Körperliche Gewalt
Emotionale Gewalt
Vernachlässigung
Adipositas